Reise um den

BODENSEE

Bilder von
Karl-Heinz Raach

Texte von
Michael Kühler

Stürtz

Erste Seite:
Der kleine Ort Bodman am Überlinger See, der als Doppelgemeinde zusammen mit Ludwigshafen gut 4000 Einwohner zählt, gilt als Namensgeber der deutschsprachigen Bezeichnung „Bodensee". Im Verhältnis zur Einwohnerzahl kann sich der Bootshafen durchaus sehen lassen …

Vorherige Seite:
Eine Katamaranfähre fährt von Friedrichshafen kommend in den von der „Imperia" bewachten Hafen von Konstanz ein. Ansonsten prägen vor allem Segelboote das idyllische Bild.

Unten:
Regelmäßige Fährverbindungen bestehen zwischen allen wichtigen kleineren und großen Orten am Bodensee. Wie

hier bei Lindau genießen die Gäste die südlich anmutende Sonne und blaues Wasser wie am Mittelmeer.

Seite 10/11: *Eines der wichtigsten touristischen Ziele am Bodensee ist die Blumeninsel Mainau mit ihrer überbordenden Farbenpracht. Herangezogen werden die Kostbarkeiten einheimischer und exotischer Flora in eigenen Gewächshäusern.*

Inhalt

Aus der Ruhe bringen lässt sich hier niemand. Zu einem Urlaub am Bodensee kann eine Fahrt mit dem gemieteten oder eigenen Motorboot wie hier am Konstanzer Hafen ebenso gehören wie das Baumeln-Lassen von Seele und Beinen…

Ist der Bodensee ein „internationales Gewässer“? Seine Gestade gehören zu Deutschland, der Schweiz und Österreich. Doch beim Wasser scheiden sich die Geister. Denn es ist in weiten Teilen nicht genau festgelegt, ob er nach einer Realteilung auf die Uferstaaten aufgeteilt oder ein Kondominium, ein internationales Gewässer, sei. Baden-Württemberg und die Schweiz plädieren für ersteres, der Freistaat Bayern hingegen – mit einer vielleicht noch um ein paar Meter geringeren Uferlänge als Vorarlberg – für die „kommunistische“ Variante. Österreich trägt das Seine zu dieser Diskussion bei: Ihm zufolge soll ein ufernaher Streifen als Staatsgebiet des Anrainers gelten, der Rest in den großen Topf fließen. Man sollte also nicht nur bei einem Grenzübertritt zu Land immer einen Ausweis mit sich führen, sondern auch bei Schiffsfahrten – denn man weiß ja oft nicht, in welchem Land man sich gerade auf dem Wasser befindet …

„Schwäbisches Meer“ heißt der See nicht unbedingt nur deshalb, weil der oberschwäbische Teil Württembergs einen Anteil am Ufer hat. Schon unter den Römern gab es diese Bezeichnung, doch damit soll eher die Ostsee gemeint gewesen sein. Die Schweizer nennen zuweilen alle Deutschen „Schwaben“ – was dann nicht zwingend positiv klingt. Den Bodensee benennen sie in der Regel nicht „schwäbisch“, aber sie behaupten auch nicht, am „Thurgauer Meer“ zu leben …

Die Namensgebung ist also verzwickt. Die Römer nannten den See nach der unter Tiberius von den Kelten eroberten Siedlung „lacus brigantinus“, Bregenzer See. Unter Kaiser Friedrich Barbarossa erhielt er die Bezeichnung „lacus constantientis“, Konstanzer See, denn die Stadt genoss das besondere Wohlwollen des Kaisers. Im Englischen, Französischen und Italienischen wird er immer noch so genannt. Der Reichenauer Abt Walahfried Strabo schließlich schlug „lacus potamicus“, Flusssee, vor, nach dem griechischen Wort „potamus“ für Fluss; denn die lateinische Bezeichnung für die Königs-

Bei abendlicher Beleuchtung wirken das Obertor und die Altstadtfassaden von Meersburg beinahe unwirklich. Der baden-württembergische „Erholungsort“ zieht in der Urlaubssaison viele Gäste an.

Das bekannte Lied wurde ein Dauerbrenner bei Faschings- oder Karnevalsveranstaltungen.
Die schwäbisch-alemannische Fastnacht wird besonders in den Tagen vor Aschermittwoch zur Vertreibung des Winters an vielen Orten am See und in Oberschwaben gefeiert. In Überlingen treibt ein „Hänsele“ im „Fleckenhäs“, einem überaus bunten Kostüm aus Stofffetzen, mit dem Karbatschenschlagen den Winter aus. In Salem sind „Fassköpfe“ Tradition und in Lindau „Kornköffler“, während man in dieser Zeit im Hegau einem „Roten Fuchs“ begegnen kann. Weltberühmt ist die Groppenfasnacht in Ermatingen bei Gottlieben – sie findet nur alle drei Jahre und erst drei Wochen vor Ostern statt. Alljährlich am „Schmotzigen Dunschtig“, dem Fastnachts-Donnerstag, findet in Stockach, dem „Tor zum Bodensee“ zwischen Überlingen und Hegau, das „Hohe Grobgünstige Narrengericht zu Stocken“ statt. Dieser Brauch, bei dem eine politische Persönlichkeit „angeklagt“ wird, geht auf eine Zusage zurück, die Erzherzog Leopold von Österreich im Jahre 1315 nach der Schlacht bei Morgarten seinem aus Stockach stammenden Hofnarren Hans Kuony aus Dankbarkeit für einen guten Rat gemacht hatte. Der Bruder Leopolds, Herzog Albrecht der Weise, erteilte 1351 das Privileg zum „Narrengericht“.
Ach ja, und dann gibt es noch viele Flüsse, die „Ach“ oder gleich „Aach“ heißen. Die Stockacher Aach mündet zwischen Bodman und Ludwigshafen in den Bodensee, die Goldach in der Schweiz, die Linzer Aach bei Unteruhldingen, die Rotach nach knapp 40 Kilometern in Friedrichshafen. Die Radolfzeller Aach wird auch Hegauer Aach genannt und entspringt im Aachtopf. Die größte Quelle Deutschlands wird unter anderem von versickertem Donauwasser gespeist und hat eine Schüttung von 1000 bis 24 000 Litern pro Sekunde. Das Flüsschen legt von der Quelle bis zur Mündung bei Radolfzell 32 Kilometer zurück – und lässt also auch ein paar Tropfen Donau in die Nordsee fließen ... Denn vom Überlinger See nach Konstanz ist es nicht weit und hier, am Seerhein, beginnt die offizielle Zählung der Flusskilometer des Rheins bis Rotterdam.
Der Bodensee gilt als größter See Deutschlands. Das verdeutlicht auch die Erdkrümmung. Die Wölbung beträgt zwischen Friedrichshafen und Romanshorn auf nur 14 Kilometern immerhin

mehr als vier Meter. Auf einer Länge von 46 Kilometern zwischen Bregenz und Konstanz beträgt sie stattliche 43 Meter. Von Bregenz aus ist also selbst bei bester Fernsicht Konstanz nicht zu sehen.

Zurück in die Steinzeit

Die Konstanzer Kirchtürme hatten einst eine sehr große Bedeutung, denn ab 610 erfolgte die Christianisierung des Bodensees durch iro-schottische Wandermönche wie Columban und dessen Schüler Gallus – Konstanz wurde Bischofssitz und damit zur wichtigsten Stadt am Bodensee. Das Bistum reichte einst von der Gegend um Ludwigsburg bei Stuttgart bis zum Gotthardmassiv in der Schweiz sowie von Breisach am Oberrhein bis nach Kempten im Allgäu und war das größte im Reich. 1526 verlegte der Bischof vorsorglich seine Residenz nach Meersburg, denn 1528 wurde in Konstanz die Reformation eingeführt. 1548 wurde deshalb die Reichsacht verhängt und die Reichsfreiheit der Stadt aufgehoben.
Vom Konstanzer „Haus zur Katz“ schrieb 1431 der Minnesänger Oswald von Wolkenstein: *„Manch holde Frau, wie Engel licht, / voll Adel, in der Schönheit Glanz / hat sich geschmiegt an mich, so dicht, / dort in der ‚Katzen‘ bei dem Tanz, / dass ich es nicht vergessen kann … / Ja, Lust und Frohsinn findet man / fürwahr zu Konstanz mannigfalt.“* Die „fetten Jahre“ des Konzils waren zwar schon vorüber, aber man verstand immer noch zu feiern.
Reich an Attraktionen und Sehenswürdigkeiten ist die Stadt, die mit dem schweizerischen Kreuzlingen fast eine Einheit einzugehen scheint, immer noch und wieder. Zu nennen ist unter anderem das ehemalige Dominikanerkloster, das heutige „Inselhotel“ – eine Herberge im Luxussegment. In diesem 1803 säkularisierten Gebäude wurde 1838 Ferdinand Graf von Zeppelin, der spätere Erfinder der legendären Starrluftschiffe, geboren. 1966 diente das Haus kurzfristig der soeben gegründeten Universität als erstes Refugium. Diese Hochschule erhielt im Jahr 2007 das Siegel „Exzellenz-Universität“. Im gleichen Jahr wurde hier das „Zukunftskolleg“ gestartet – über zwanzig herausragende Forscherinnen und Forscher aus aller Welt finden optimale Arbeitsbedingungen und hervorragenden interdisziplinären Austausch.
Schon lange einen sehr guten Ruf als Bildungseinrichtung genießt die Schule im ehemaligen Kloster Salem. Zu den prominenten „Ehemaligen“ zählen unter anderem Golo Mann, Monika Mann und Elisabeth Noelle-Neumann, aber auch Prinz Philipp, der Prinzgemahl von Königin Elisabeth II. von England sowie Sophia von Griechenland, die Königin von Spanien. Im ehe-

Das Bild von der Trachtengruppe am Lindauer Hafen zeigt unverkennbar: wir sind hier mitten in Bayern. Es gibt wenige andere Landstriche, in denen Tradition und Volkskunde so intensiv gepflegt werden.

maligen Konventgebäude Salem befindet sich ein Teil der weltberühmten Schule, eine Zweigschule ist auf der Burg Hohenfels untergebracht und das „Salem International College“ hat seine Heimstatt in Überlingen gefunden. Mit der Schule hat eine andere Institution außer der räumlichen Nähe und damit dem Namenszusatz wenig zu tun: Auf dem „Affenberg Salem“ leben 200 Berberaffen wie in freier Wildbahn. Man kann sie aus nächster Nähe beobachten und auch füttern.

Zu den allerjüngsten Attraktionen am Bodensee zählen die neu erbauten Thermalbäder, jeweils direkt am See gelegen, in Konstanz-Staad, in Überlingen und in Meersburg. In der „Meersburg Therme“ sind Saunen in zwei nach historischen Vorbildern erbauten Pfahlhäusern untergebracht. Die Vorstellung, man hätte wie in der Steinzeit fürs Feuermachen keine modernen Hilfsmittel mehr, mag aber manchen Besucher schaudern lassen. Jene Vorstellung also, die im Jahr 2007 für ein Filmprojekt des SWR 13 Menschen acht Wochen lang in die Tat umsetzten. Das damalige „Filmdorf“ wurde nach den Dreharbeiten in das Pfahlbaumuseum Unteruhldingen versetzt und kann dort bewundert werden. Dieses älteste archäologische Freilichtmuseum Deutschlands wurde 1922 eröffnet. Wie einst die steinzeitlichen Häuser stehen heute die Rekonstruktionen zum Teil im Wasser, zum anderen Teil am Ufer.

Idylle am Bodensee

Am See kann man nicht nur eine Zeitreise zurück in die Steinzeit oder ins Mittelalter unternehmen. Ob oberschwäbische Barockseligkeit oder das romantisch historisierende 19. Jahrhundert – selbst Ausflüge in die „Goldenen Zwanziger“ sind möglich. Romanische Kirchenbaukunst auf der Reichenau, das spätgotische Kloster Mariaberg bei Rorschach, die barocke Fassadenmalerei des „Hauses zum Cavazzen“ in Lindau, biedermeierliche Gemütlichkeit im schweizerischen Heiden: Schon bei einem ersten Blick von außen zeigt es sich, dass die Bodenseelandschaft ein offenes Buch der Geschichte ist. Bereits im Jahr 1825 hatte der Dichter Gustav Schwab auf Anregung seines Verlegers Cotta hin das erste Bodensee-Handbuch geschrieben, das zur Bibel der gebildeten Bodenseereisenden werden sollte. Im Juli 1857 weilte Eduard Mörike mit seiner Frau Margarethe im idyllischen Örtchen Schwarzenberg. Sie schrieb in

Der schweizerische Ort Stein am Rhein liegt am Übergang vom Untersee zum Rhein. Malerisch präsentiert sich die Anlegestelle mit ihren Fachwerkhäusern.

ihr Tagebuch: „Wir sind nun tief im Wald, wie abgeschnitten von jedem Laut der lärmenden Welt …“ In jener Abgeschiedenheit hat sich die Tracht Vorarlbergs bis heute erhalten. Angelika Kauffmann hat sich auf einem Selbstbildnis mit Bregenzerwälder Tracht dargestellt. Von dieser traditionellen Bekleidung hieß es einst: „… können wir hintendrein auch noch des Unterrocks gedenken, und zwar um so freier, da er nicht wie das Veilchen bestimmt ist, im Verborgenen zu blühen. Die Juppe wird nämlich im Gehen gerne aufgeschürzt, und dann zeigt sich jedesmal das mit brennend roten Zwickeln eingefaßte Unterkleid.“ Auch der Dialekt, den man als „See-Alemannisch“ bezeichnen könnte, wird noch gesprochen. Martin Walser hat den Unterschied zur Hochsprache treffend beschrieben: „Wie ist es, wenn man in hochdeutscher Sprache über den Dialekt redet? Ist es so, wie wenn man mit Handschuhen einen nackten Körper betastet? … Gegen die Konjunktiv-Filigrane des Alemannischen kommt das Hochdeutsche ein bisschen Straßenwalzig daher. …“
Bereits im 19. Jahrhundert waren Maler auf die abgeschiedene Halbinsel Höri gekommen, die später als Genremaler zu einer gewissen Berühmtheit gelangen sollten wie Anton Braith und Christian Mali. Die Behaglichkeit des Klassizismus kann man im Napoleon-Schlösschen Arenenberg aufspüren, vornehmer bis repräsentativer Kunst des Reisens begegnet man im Zeppelinmuseum sowie im Rolls-Royce-Museum. Lehrreiche Wanderungen bieten der Weinlehrpfad von Meersburg nach Hagnau oder der Hopfenpfad bei Tettnang. Die Gegenwart offenbart sich nicht nur bei einem träumerischen Blick auf Segelboote; das Kunsthaus Bregenz hat sich in seiner Sammlung „aka – archiv kunst architektur“ auf die Werke lebender Künstler und Künstlerinnen im Spannungsfeld bildender Kunst und Architektur spezialisiert.

Seite 22/23:
Seit der Gründungszeit ist Mittelzell das größte Dorf auf der Kloster- und Gemüseinsel Reichenau. Zur Gemeinde Reichenau gehört nicht nur die größte Insel im Bodensee, sie umfasst auch Festlandsgebiete.

Seite 24/25:
Zwischen Meersburg und Konstanz-Staad verkehren regelmäßig Autofähren, die einen großen Umweg um den langen „Finger“ des Überlinger Sees ersparen. Besonders malerisch ist eine Fahrt im Licht der Abendsonne.

BADISCHER WEIN

Deutsches Nordufer – zwischen Lindau und Höri

„Bewacht" wird die Hafeneinfahrt von Lindau nicht nur von einem hoch aufragenden Leuchtturm, sondern auch von einem bayerischen Löwen. Über sechs Jahre, bis zum Herbst 2009, dauerte eine Auseinandersetzung zwischen den Städten Lindau und Konstanz um die Frage, ob die Lindauer Hafenanlage zu Lindau gehöre und damit der Löwe bayerisch bleibe…

Wie Perlen an einer Schnur sind sie aufgereiht, die bekannten Orte am Nordufer des Bodensees. Von Lindau über Langenargen, Friedrichshafen und Immenstaad bis Meersburg reicht das zu Deutschland gehörige Ufer des Obersees. Am Überlinger See liegt der namengebende Ort, aber auch das Pfahlbaumuseum, Sipplingen, Ludwigshafen und Bodman findet man hier – nicht zu vergessen die weltbekannte Blumeninsel Mainau. Konstanz, das gerne als „heimliche Hauptstadt" des Bodensees gesehen wird, bewacht quasi den Übergang vom Ober- zum Untersee, am Seerhein.

Der wichtigste Fremdenverkehrsort auf dem Bodanrück, der sich wie eine riesige Halbinsel zwischen Überlinger und Untersee drängt, ist Allensbach. Beliebt ist dieser Landstrich nicht zuletzt, weil man von Wallhausen durch die wildromantische Marienschlucht nach Bodman eine der schönsten Wanderungen am unbebauten See unternehmen kann. Im Untersee, oder besser gesagt zwischen Unter-, Zeller- und Gnadensee, befindet sich die größte Insel des Bodensees, die gar keine mehr ist: die Reichenau. Denn vom Bodanrück bei Konstanz führt ein Fahrdamm durch das Wollmatinger Ried zu den drei Ortschaften Ober-, Mittel- und Niederzell, mit ihren weithin gerühmten Kirchen inmitten von Feldern, Äckern und Gewächshäusern.

Radolfzell am nach ihm benannten Zeller See kann man als „Tor" zur idyllischen Halbinsel Höri bezeichnen. Die kleinen Ortschaften wie Gaienhofen, Hemmenhofen und Horn sind südlich und östlich des Schiener Bergs an den See geschmiegt und nicht nur bei Malern und Literaten beliebt. Von den Vulkankegeln des Hegaus über die oberschwäbische Klosterlandschaft bis zu den westlichen Ausläufern des Allgäus reihen sich idyllische Ortschaften und bedeutende Sehenswürdigkeiten aneinander, die einen Ausflug zum Erlebnis werden lassen.

Links:
Die Altstadt Lindaus befindet sich auf einer Insel, die durch einen Fahrdamm und eine Eisenbahnverbindung zur Halbinsel wurde, und zählt etwa 3000 Einwohner. Die gesamte Stadt im bayerischen Regierungsbezirk Schwaben hat allerdings knapp 25 000 Einwohner.

Unten:
1802 verlor Lindau durch Napoleon seine Reichsprivilegien und wurde kurz österreichisch, kam jedoch 1806 an das gerade „von Napoleons Gnaden" neu gegründete Königreich Bayern. Über die Insel in der Lindauer Bucht hinweg öffnet sich ein wunderschöner Blick auf die Schweizer Bergwelt.

Seite 30/31:
Da Bayern nun endlich einen Hafen am Bodensee hatte, wurde als Wahrzeichen 1856 der bayerische Löwe an die Mole gesetzt. Er besteht aus Kelheimer Marmor, wiegt circa 70 Tonnen und man kann ihm trockenen Fußes einen Besuch abstatten.

DAS APFELSCHIFF
Schwaben

FEUERWEHR LINDAU
Landeplätze für
Segel- und Motorboote
Tel. 0049 (0) 171 - 83 61 629

zur Fischerin
Geöffnet ab 17 Uhr

Linke Seite:
1952 eröffnete Eitelfritz Scheiner in der Lindauer Ludwigstraße ein Vesperstüble. Das Lokal wird mittlerweile in der dritten Generation als Weinstube und Galerie „Zur Fischerin“ geführt.

Seit dem 19. Jahrhundert wird das Lindauer Rathaus von üppigen historisierenden Malereien geschmückt, die die Stadtgeschichte darstellen. In diesem ursprünglich 1422 gotisch erbauten Gebäude wurde 1496/97 der Reichstag abgehalten.

Eines der ersten Häuser Lindaus ist das Hotel Reutemann an der Seepromenade. Von der Terrasse bietet sich ein wunderschöner Blick auf den Hafen.

Rechte Seite:
Von Schachen, einem Stadtteil Lindaus, öffnet sich ein wunderschöner Blick auf das schweizerische Appenzeller Land und den Gipfel des Säntis. Das luxuriöse Hotel Bad Schachen, dessen Turm alles überragt, wird mittlerweile in der siebten Generation von der Familie Schielin geführt.

Um 1079 hatte das Kloster Lindau seinen Markt von Aeschach auf die Insel verlegt. In der lange selbstständigen Gemeinde Aeschach hat sich das 1911 als Pfahlbau errichtete Bad am Seeufer erhalten.

Aus der Entdeckung einer Eisen-Schwefelquelle im Jahr 1474 entwickelte sich ein Heilbad, das um 1909 durch das prächtige Jugendstil-Hotel Bad Schachen ergänzt wurde. Erholung direkt am See verspricht die hoteleigene Liegewiese.

Seite 36/37:
Im Westen grenzt Wasserburg an Schachen. Der Bootshafen der Halbinsel wird beherrscht von der katholischen Pfarrkirche Sankt Georg, die 784 erstmals erwähnt wurde.

FN51137

Linke Seite:
Für Freizeitkapitäne ist der Bodensee wie hier bei Lindau ein wahres Paradies. Für pure Entspannung sorgt dabei, wer mitten auf dem See die Segel einholt und so eine ganz private, leicht schaukelnde Sonnenbank schafft …

Beschaulich geht es am Hafen von Kressbronn zu. Dabei lassen sich die kleinen Knirpse beim Planschen im Brunnen von der sagenhaften Aussicht auf den See in keinster Weise beeindrucken.

Anstelle der ruinösen Burg Argen ließ sich einst König Wilhelm I. von Württemberg in Langenargen die „Villa Argena“ im maurischen Stil als Lustschloss erbauen. Im heutigen Schloss Montfort befindet sich nun ein Restaurant mit traumhafter Seeterrasse.

Oben:
Auch wenn die Arbeit beschwerlich sein mag, einen schöneren Arbeitsplatz als mitten auf dem Bodensee kann man sich kaum denken. Da Jäger und Fischer die ersten Siedler am See waren, können sich die heutigen Fischer des ältesten Gewerbes am See rühmen.

Rechts:
Eisgekühlt kann der reichhaltige Fang von Bodensee-Felchen den kurzen Weg vom Boot bis zu den Kochtöpfen am Ufer getrost antreten.

Ganz rechts:
Der Fischermeister Bernd Kaulitzki aus Wasserburg ist mit dem Entschuppen und Ausweiden seines Fangs gleich an Bord ganz schön beschäftigt.

Ganz links:
Felchennetze haben nur eine Fadenstärke von 0,12 Millimetern – das bedeutet nach einem guten Fang abends einige Flickarbeit …

Links:
Auch der Fischer Achim Kaulitzki kann sich über einen guten Fang freuen.

Unten:
Viel Zeit, um die Schönheiten des Bodensees in der Lindauer Bucht zu bewundern, bleibt Achim Kaulitzki bei seiner Arbeit auf dem See nicht.

Oben:
Manch' einer erfüllt sich einen lang gehegten Traum: einmal mit dem Fahrrad um den Bodensee. Schattige Radwege wie hier zwischen Wasserburg und Nonnenhorn versprechen Vergnügen pur.

Rechts:
Die Gegend um Wasserburg und Nonnenhorn ist ein wahres Apfelparadies. In der Gemeinde Hattnau gibt es einige Obstbauern, die nebenbei auch Ferienwohnungen vermieten.

Seite 44/45:
Auch Friedrichshafen als eine der größten und bekanntesten Städte am Bodensee verfügt über einen Bootshafen, in dem kleinere Schiffe „parken" können. Die Stadt entstand 1811 aus der ehemaligen Freien Reichsstadt Buchhorn und dem Dorf und Kloster Hofen.

Links:
Ein breites Gespann würde die schmale Landstraße bei Hattnau nicht verkraften. Doch man kann ja die Apfelkisten in einem längeren Zug hinter sich herziehen …

Unten:
Zwischen Kressbronn und Langenargen wird die Argen von der zweitältesten Hängebrücke Deutschlands überspannt. Errichtet wurde sie unter König Wilhelm II. von Württemberg in den Jahren 1896/97.

FN 32991

Linke Seite:
Der im Jahr 2000 eröffnete Aussichtsturm von Friedrichshafen wirkt wie eine moderne Skulptur und harmoniert damit bestens mit dem Katamaran, der zwischen Friedrichshafen und Konstanz verkehrt.

Das Friedrichshafener Klangschiff „Im Augenblick" des Künstlers Helmut Lutz vereint Darstellungen des Europastiers und der Urania in sich. Es hat schon einen weiten Weg durch halb Europa hinter sich und dient heute als Veranstaltungsort für Konzerte und Performances.

In Friedrichshafen wissen auch die Möwen, wo es ihnen gut geht... Die nach Konstanz zweitgrößte Stadt des Bodensees liegt am nördlichen Ufer.

Oben:
Pioniere der Flugzeuggeschichte sind im Friedrichshafener Dornier-Museum zu sehen. Spektakulär sind nicht nur die Ausstellungsstücke, sondern auch die Architektur des Museums-Neubaus.

Rechts:
Der Zeppelin LZ 4, genannt „Hindenburg“, galt als technisches Meisterwerk und hätte durch seinen Absturz beinahe das Ende der legendären Luftschiffe bedeutet. Ein Maschinenteil ist im Friedrichshafener Zeppelinmuseum zu sehen.

Oben:
Der ehemalige Hafenbahnhof von Friedrichshafen im Bauhaus-Stil wurde in den 1990er-Jahren zum Zeppelinmuseum umgebaut. Neben der Technik-Ausstellung ist hier auch eine Kunstsammlung zu sehen.

Links:
Ein Teil des Zeppelins LZ 129 wurde rekonstruiert und stellt das größte Ausstellungsstück im Zeppelinmuseum dar. Der Aufenthaltsraum und der Schreibsalon sowie einige Passagierkabinen lassen das komfortable und luxuriöse Reisen in den ersten Jahrzehnten des 20. Jahrhunderts hautnah erleben.

Oben:
Eine Abendstimmung am Bodensee wie hier bei Friedrichshafen präsentiert sich besonders malerisch. Im Hintergrund sind die Türme der Schlosskirche zu sehen, der ehemaligen Benediktinerprioratskirche Hofen.

Rechts:
Das weltweit größte Museum zur Geschichte und Technik der Zeppelin-Luftschifffahrt befindet sich in Friedrichshafen am Bodensee. Natürlich kann man auch im Museumsshop Souvenirs und Literatur käuflich erwerben.

Links:
Das „Medienhaus k42“ in Friedrichshafen ist ein komplett verglastes Ensemble, das auf den Grundmauern des ehemaligen Salzstadels entstand. Architektonischer Höhepunkt ist der runde Veranstaltungssaal, genannt „der Kiesel“.

Der Himmel auf Erden – Zeppelin und Rolls Royce

Eine riesige „Zigarre“ am Himmel über dem Bodensee – das kann nur ein „Zeppelin“ sein. Nach Ferdinand Graf von Zeppelin, dem Erbauer der legendären Starrluftschiffe zu Beginn des 20. Jahrhunderts, werden heute allgemein alle Luftschiffe genannt. In komfortablem Ambiente „flog“ man nicht über den Atlantik, man „fuhr“ gemächlich über ihn hinweg. Wie luxuriös eine solche Reise vor der Zeit der Überschallflugzeuge war, kann nachempfinden, wer das Zeppelinmuseum im früheren Hafenbahnhof von Friedrichshafen besucht. Hier ist ein Teil der „Hindenburg“ in Originalgröße nachgebaut, inklusive der schmucken Leichtbaumöbel, die unnötigen Ballast am Himmel vermieden. Unter dem Luftschiff steht wartend ein „Maybach“ – die Größenverhältnisse lassen die Nobelkarosse wie ein „Spielzeugauto“ erscheinen …

Nach dem ersten Start im Jahr 1900 erfolgte die erste Katastrophe 1908 bei Echterdingen in der Nähe von Stuttgart. Nach einer Notlandung fing das LZ 4 (LZ für „Luftschiff Zeppelin“) Feuer und brannte aus. Das hätte das Aus für den Grafen bedeuten können, doch eine Volksspende erbrachte die immense Summe von mehr als sechs Millionen Mark – und nun konnte der Siegeszug der Zeppeline beginnen. Eine wechselvolle Geschichte mit Tiefschlägen und Begeisterungsstürmen sollte anhalten bis zu jenem verhängnisvollen 6. Mai 1937: Die Hindenburg-Katastrophe im amerikanischen Lakehurst ging in die Geschichte ein.

Ein halbes Jahrhundert lang schien es, als gäbe es nie wieder einen „Zeppelin“. Und das, obwohl einst der weltberühmte Autor und Nobelpreisträger Hermann Hesse 1911 eine Fahrt mit dem LZ 10 „Schwaben“ unternommen hatte und anschließend wortreich – erstmals aus dieser Perspektive – die historisch-landschaftliche Einheit des Bodenseeraums im Zusammenwirken von Alpen, Rhein und See geschildert hatte. Seit den 1990er-Jahren wird in Friedrichshafen der „Zeppelin NT“, ein halbstarres Luftschiff „Neuer Technologie“, gebaut. Eingesetzt wird der große Vogel für Umweltbeobachtungen, Forschungsmissionen oder als Beobachtungsplattform von Bild- und Fernsehmedien, zum Beispiel bei Großereignissen. Man kann aber auch einen Rundflug über den Bodensee und sein Hinterland buchen. Das ist, bei nur wenigen Sitzplätzen, ein ebenso exklusives wie kostspieliges Vergnügen – doch noch schöner wird man die Reize der Landschaften kaum erkunden können.

Wie wichtig Friedrichshafen für die Geschichte der deutschen Luftfahrtindustrie ist, zeigt auch das neue Dornier-Museum am Flughafen. Es ist schon von außen äußerst sehenswert, denn der kalifornische Land-Art-Künstler James Turrell entwarf das Lichtkonzept, das nach Sonnenuntergang die lichtdurchlässige Fassade des einem Flugzeughangar nachempfundenen Gebäudes akzentuiert.

Tüftler im „Bauernland“

Die Menschen am Bodensee sind schon seit langem Tüftler und Erfinder, wie nicht zuletzt Beispiele in Vorarlberg zeigen mögen. So war Kennelbach bei Bregenz 1884 der erste Ort Österreichs mit elektrischer Beleuchtung in den Straßen und Häusern, von Fritz Schindlers Firma „Elektra Bregenz“ wurde das elektrische Bügeleisen erfunden und der Protestant sorgte mit einer Fußbodenheizung dafür, dass die evangelische Kirche von Bregenz das erste elektrisch geheizte Gotteshaus der Donaumonarchie wurde. Im beliebten Skigebiet „Bödele“ zog ab 1907 ein 4-PS-Puchmotor an einem Hanfseil einen viersitzigen Schlitten den Berg hinauf – der erste „Skilift“ der k.u.k.-Monarchie war geboren …

Bei all diesem Luxus und Komfort ist es kein Wunder, dass 1881 in der Spinnerei Hämmerle unter Kaiser Franz Josef das erste Telefon der österreichisch-ungarischen Monarchie in Betrieb genommen wurde. Das Gebäude befindet sich bei Dornbirn am Eingang der Rappenloch-Schlucht, im sogenannten „Gütle“. Seit einigen Jahren beherbergt es das weltweit größte Museum für die Könige der Landstraße, Rolls Royce. Die Luxuskarossen aus den zwanziger und dreißiger Jahren des vorigen Jahrhunderts hatten einst so prominente Besitzer wie die legendäre englische Queen Mum, Lawrence von Arabien oder Prinz Ali Khan. Wer sonst einen wirtschaftlichen Kleinwagen fährt, kann sich hier als Prinz oder Königin fühlen und in Träumen schwelgen …

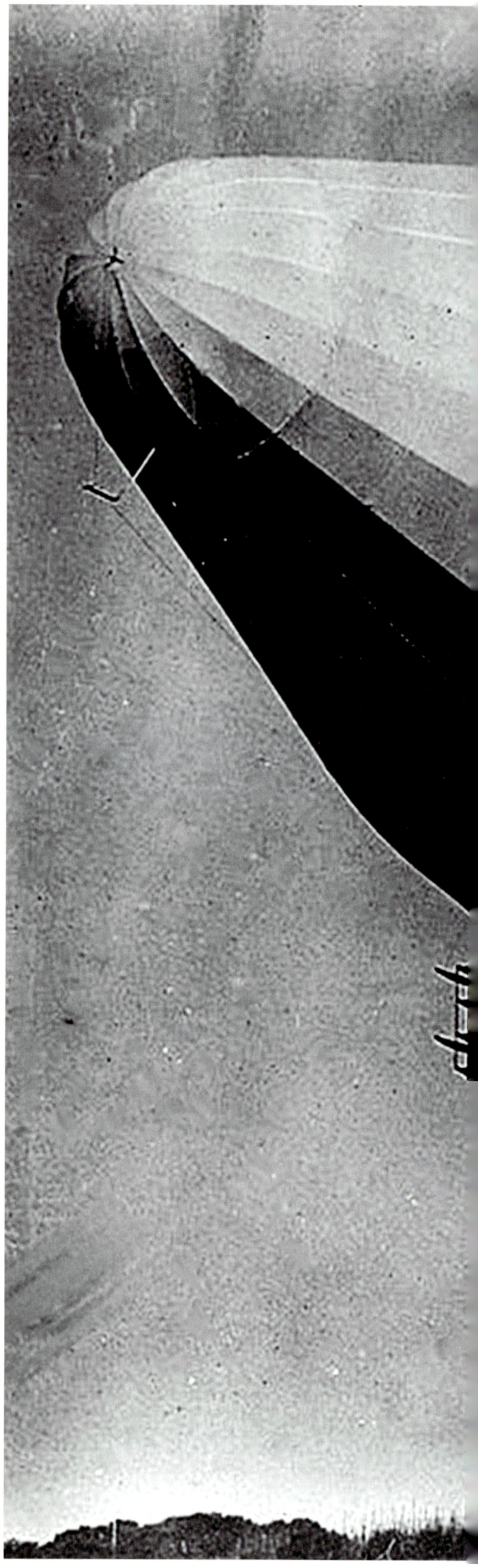

Links: *Auch das im maurischen Stil errichtete Schloss Montfort in Langenargen erhält „Besuch“ von einem Zeppelin Neuer Technologie aus Friedrichshafen …*

Oben: *Der Zeppelin LZ 7 „Deutschland“ war das siebte in Friedrichshafen gebaute Verkehrsluftschiff und stürzte nur wenige Tage nach der Jungfernfahrt wegen eines Unwetters ab.*

Kleine Bilder rechts, von oben nach unten: Das Cockpit eines modernen Zeppelins „NT“ (Neuer Technologie) überzeugt mit seiner technischen Ausstattung – trotz nostalgisch anmutender äußerer Hülle des Luftschiffs.

Der Zeppelin „NT“ wird nicht nur für touristische Rundflüge eingesetzt, sondern auch als Werbeträger wie hier für die berühmte Blumeninsel Mainau.

Beim Abheben eines Zeppelins „NT“ wird deutlich, wie klein die Passagier-Kabine im Verhältnis zur Größe des Luftschiffs ist.

Wie die früheren Luftschiffe wird der Zeppelin „NT“ am Boden an einem Landemast befestigt, doch in der Luft „fliegt“ er im Gegensatz zu den „fahrenden“ Vorläufern, da er auf Motorenleistung angewiesen ist.

Linke Seite:
Meersburg gilt als eines der wichtigsten touristischen Ziele am deutschen Ufer des Bodensees. Durch die regelmäßigen Verbindungen mit Fährschiffen und Eisenbahn sind von hier aus auch Konstanz, die Insel Mainau, Friedrichshafen oder Lindau jederzeit bequem erreichbar.

Im ehemaligen Immenstaader Schloss Hersberg befindet sich heute ein Bildungszentrum der Erzdiözese Freiburg. Mit Blick über den Bodensee bis zum Säntis kann man hier Ruhe und Erholung ebenso wie Geselligkeit im Kreis Gleichgesinnter finden.

Die Meersburger Steigstraße war einst, trotz des steilen Anstiegs, Hauptdurchgangsstraße des Ortes. Heute erfreuen sich Einheimische wie Urlauber gleichermaßen an den malerischen historischen Gebäuden.

Seite 56/57:
Eine einzigartige Ansicht von Meersburg bietet sich vom Wasser des Bodensees aus. Die gotische Alte Burg mit ihren markanten Rundtürmen und das barocke Neue Schloss prägen das Bild, zwischen Unter- und Oberstadt erstreckt sich ein Höhenunterschied von circa 40 Metern.

Hotel zum Schiff

Linke Seite:
Kein Wunder, dass sich Annette von Droste-Hülshoff hier wohl fühlte: die Alte Burg von Meersburg war für die Dichterin Rückzugs- und Erholungsort gleichermaßen. Die Ursprünge der Burg reichen bis ins 7. Jahrhundert und sie gilt als älteste bewohnte Deutschlands.

Annette von Droste-Hülshoff (1797–1848) starb in der Alten Burg zu Meersburg, wo ihr Sterbezimmer immer noch originalgetreu erhalten ist. Sie wurde auf dem Meersburger Friedhof bestattet.

Rückzug vom Rückzug: Inmitten der Meersburger Weinberge erwarb die Droste 1843 das malerische „Fürstenhäusle". Es dient heute als Museum und Erinnerungsstätte. Unter anderem ist hier noch das Schlafzimmer der Dichterin erhalten.

BÄREN
Gasthof zum Bären
BESITZ DER FAMILIE KARRER SEIT 1881

Linke Seite:
Verkehrsberuhigt – von Fußgängern und schiebenden Radlern einmal abgesehen – ist in Meersburg auch das Viertel um Obertor und Altstadt.

Ganz links:
In der Meersburger Oberstadt dienen malerische Fachwerkhäuser als „Kulisse" für die Gäste zahlreicher Straßencafés.

Links:
Auch vor dem Neuen Schloss zu Meersburg lädt ein Straßencafé zur Rast ein. Das in der ersten Hälfte des 18. Jahrhunderts errichtete Schloss diente den Fürstbischöfen von Konstanz zeitweise als Residenz.

Ganz links:
An der steilen Meersburger Steigstraße kann man besonders eindrucksvolle Fachwerkfassaden bewundern.

Links:
In der Meersburger Oberstadt entwickelte sich aus einer seit dem späten Mittelalter bekannten Trinkstube, die Teil der Vorburg war, die beliebte Winzerstube „Zum Becher".

Die Fährschiffe der Bodensee-Flotte werden in Meersburg von der „Magischen Säule“ des Bildhauers Peter Lenk begrüßt.

Satire pur: Der in Bodman lebende Künstler Peter Lenk schuf für Meersburg die „Magische Säule“. Die Droste ist hier ebenso verewigt wie der „Wunderarzt“ Franz Anton Mesmer oder das ob ihrer anzweifelhaften Schönheit nicht unumstrittene Edelfräulein Wendelgard von Halten.

Rechte Seite:
Auch die geistlichen Herren Meersburgs wussten eine gute Lage zu schätzen – das Neue Schloss mit seinen Gartenanlagen samt sogenannten Teehaus ist nicht nur am hochwassersicheren Hang gebaut, ihm liegt auch der südländisch anmutende Bodensee zu Füßen.

Linke Seite: Das Pfahlbaumuseum Unterhuldingen gilt als ältestes Freilichtmuseum Deutschlands und zählte bereits in seinem Eröffnungsjahr 1922 stolze 6000 Besucher. Heute ist es mit knapp 300 000 Besuchern pro Jahr eines der beliebtesten seiner Art in Europa.

Wie die Originale vor 2000 Jahren ist ein Teil der rekonstruierten Pfahlbauten von Unteruhldingen ins Wasser gebaut, der andere ans Ufer. Leben wie in der Steinzeit: Das SWR-Filmdorf des Jahres 2007 wurde nach dem Ende der Dreharbeiten ins Museum verbracht.

Das Pfahlbaumuseum Unteruhldingen befindet sich im Ortsteil Mühlhofen und besteht unter anderem aus den Steinzeithäusern „Riedschachen", dem bronzezeitlichen Dorf „Bad Buchau" und dem steinzeitlichen Dorf „Sipplingen".

Oben:
International gebärdet sich der Bodensee beim Bootsanleger Richtung Blumeninsel Mainau. Kein Wunder, denn dort wimmelt es nur so von floraler Exotik ...

Rechts:
Wenn kleinere Schiffe wie hier in Unteruhldingen mit einem Kran zu Wasser gelassen werden, handelt es sich genau genommen nicht um einen „Stapellauf", sondern um einen „Stapelhub". Für den Freizeitkapitän ist es auf jeden Fall ein großes Ereignis.

Oben:
Beidseitig des modernen Piers von Unteruhldingen liegen die Fischerboote bereit zur Abfahrt. Im Hintergrund ist das Pfahlbaumuseum zu sehen.

Links:
Das Bild des Bootshafens von Unteruhldingen prägen nicht nur sehr viele Jollen, also Segelschiffe, die in die unterschiedlichsten Kategorien eingeteilt werden. Hier kann sich auch sportlich betätigen, wer ein Tretboot mietet …

Links:
Zu Überlingen am gleichnamigen See gehört Nußdorf, dessen prominentester Einwohner zweifelsohne Martin Walser ist. Untermaurach schließlich gehört zu Nußdorf – inmitten einer idyllischen Uferlandschaft.

Unten:
Sipplingen am Überlinger See mit seinen gut 2000 Einwohnern hat malerische Fachwerkhäuser aufzuweisen. Im Gemeindegebiet befinden sich die Einrichtungen des Zweckverbands Bodensee-Wasserversorgung, von denen vier Millionen Baden-Württemberger mit Trinkwasser versorgt werden.

Links:
Zwischen Nußdorf und Uhldingen-Mühlhofen erhebt sich eines der bekanntesten Wahrzeichen des Bodensees, die Wallfahrtskirche Birnau. Erbaut wurde sie von 1746 bis 1749 vom Vorarlberger Baumeister Peter Thumb für die Reichsabtei Salem.

Unten:
Die reiche barocke Innenausstattung der Wallfahrtskirche Birnau hat Fresken von Gottfried Bernhard Göz sowie Altäre und Skulpturen von Joseph Anton Feuchtmayer aufzuweisen. Am bekanntesten ist sicher ein Putto mit Bienenkorb, der „Honigschlecker“.

Kulinarisches zwischen Baden, Oberschwaben und dem „Käsereich"

Die feine badische Küche gilt als die bekannteste am Bodensee, denn die Nähe des einstigen Großherzogtums zum Elsass und zu Frankreich verhalf ihr zu Gaumenfreuden, die einfachere ländliche Kochkünste nicht zu bieten vermögen. Doch all dem zum Trotz konnten sich auch schwäbische Teigwaren wie Spätzle, Knöpfle oder Maultaschen am See etablieren. Neben der regional gefärbten Küche geht es am „Schwäbischen Meer" natürlich auch „international" zu.
Wie sehr „Fremde" bereit sind, mit „Fremdem" vorlieb zu nehmen, bewies schon im 16. Jahrhundert der französische Philosoph Michel de Montaigne. Von seiner Reise an den Bodensee berichtete er, er habe sich nicht nur mit den deutschen Federbetten angefreundet, er trinke jetzt sogar nach Landessitte den Wein ohne Wasser. Gerade Letzteres mag ihn einige Überwindung gekostet haben, denn früher stand noch nicht wie heute die Güte des Rebensaftes im Vordergrund. Karl Simrock hatte in seinem Gedicht über die „sieben Schwaben" noch berichtet, der beste der Seeweine schmecke wie Sauerampfer, besser als Essig – er verziehe nur das Maul, nicht die Fässer ... Von Überlingen ist überliefert, dass man hier anno 1484 Wein im Überfluss hatte und mehr als eine Million Liter des Vorjahres in den See goss. Das würde heute in weiten Teilen Baden-Württembergs zu Erstaunen führen, denn in der Nähe von Überlingen, bei Sipplingen, entnimmt man Bodenseewasser zur Trinkwasserversorgung bis ins Hohenlohische.
Beim Seewein achtet man in der Gegenwart mehr auf die Qualität als auf die Menge, was bei so steilen Rebhängen wie in Meersburg kein Wunder ist. Getrunken werden die edlen Tropfen meist am See selbst – für den Export reichen die Anbauflächen bei weitem nicht. Geerntet wird nicht nur die Traube Müller-Thurgau, eine Kreuzung aus Riesling und Silvaner. Was ein Müller-Thurgau ist, wissen heute die Winzer in Kalifornien ebenso wie am Kap der Guten Hoffnung – doch in seinem „Heimatland", der Schweiz, wird er zuweilen gerne „Riesling x Silvaner" genannt. Und das, obwohl Professor Hermann Müller aus dem Thurgau sich zur Unterscheidung von vielen anderen „Müllers" seinen Herkunftskanton an den Namen anfügte. Er züchtete die Traubenkreuzung – und nach ihm wurde sie benannt.

Vom Meersburger „Jungfernstieg" nach „Mostindien"

Aus dem Spätburgunder wird der „Weißherbst" gepresst, der in der Schweiz auch „Süssdruck" genannt wird. Denn die Traube wird noch im süßen Zustand „abgedruckt" und nicht erst im vergorenen wie beim Rotwein. Grauer Burgunder ist auch als Ruländer bekannt, Elbling gibt es und natürlich Weißburgunder, der am steilen „Meersburger Jungfernstieg" gedeiht. Man kann in einer der zahllosen Weinstuben einkehren oder direkt bei den Winzern eine Weinprobe machen. Beliebt ist dafür auch die Spitalkellerei in der Konstanzer Brückengasse. Sie befindet sich hier seit 1272 und gilt als eine der ältesten deutschen Weinkellereien – im mittelalterlichen Holzfasskeller kann man handgeschnitzte Weinfässer bewundern.
So viele Viertele – oder in der Schweiz Deziliter – erfordern eine gute Unterlage. Natürlich zeichnet den Bodensee eine hervorragende Fischküche aus. Der Bodenseefelchen wird in den verschiedensten Zubereitungsarten angeboten, ob „blau" – im Sud – oder „Müllerin Art", gebacken. Einfach ist eine Fischbestellung nicht unbedingt, denn ein Barsch wird zum Beispiel am deutschen Bodenseeufer gerne „Kretzer" genannt, in der Schweiz hingegen „Egli".
In der Küche Vorarlbergs haben sich Einsprengsel aus Tirol oder Wien breitgemacht wie Tafelspitz, Mehlspeisen, Palatschinken oder Rahmstrudel. Aus dem Appenzeller Land haben sich die Bregenzerwälder Bauern Anregungen geholt für ihre Käsereien – und sogar eine „Käsestraße" gibt es hier schon. Ob Hopfenanbau bei Tettnang oder das erste schweizerische Bierflaschenmuseum in Wittenbach bei St. Gallen – Küche und Keller bieten eine große Vielfalt. Nicht vergessen darf man den Obstanbau am Bodensee. Die Äpfel werden gerne gemostet, weshalb das schweizerische Bodenseeufer im Rest des Landes etwas despektierlich „Mostindien" genannt wird.

Links:
Die steilen Rebhänge beim Meersburger Fährhafen versprechen harte Arbeit und qualitativ sehr gute Erträge.

Die Fischer Peter und Roland Stohr sind schon am frühen Morgen bei Wasserburg auf „hoher See“, um einen guten Fang machen zu können.

Geräucherte Felchen wie hier in Hattnau bei Wasserburg sehen nicht nur appetitlich aus, sie locken Feinschmecker auch mit ihrem Duft.

Einen Bodensee-Felchen mit Kartoffeln und Weißwein kann man sich auch auf einer Seeterrasse wie hier in Wasserburg munden lassen.

Ganz links:
Der Obstbauer Max Leuthold kann sich inmitten seiner Apfelbäume bei Kressbronn auf eine reiche Ernte freuen.

Oben:
Das komfortable Personenschiff „MS Seestern“ verbindet regelmäßig Konstanz-Walhausen mit Überlingen, an dessen Bootsanleger es gerade pausiert.

Rechts:
Der Marienaltar zählt neben dem Hochaltar zu den bedeutendsten Kunstwerken des spätgotischen Münsters St. Nikolaus zu Überlingen am Bodensee.

Ganz rechts:
Der Überlinger Holzschnitzer Jörg Zürn schuf mit seinen Mitarbeitern von 1613 bis 1616 den Hochaltar des Münsters St. Nikolaus zu Überlingen im Stil der Spätrenaissance.

Oben:
Die ehemalige Reichsabtei Salem wurde schon im 12. Jahrhundert als Kloster der Zisterzienser gegründet, die barocke Anlage Ende des 17./Anfang des 18. Jahrhunderts errichtet. 1804 ging die Abtei durch die Säkularisation in den Besitz der Markgrafen von Baden über und heute ist sie weltweit bekannt als Sitz der „Schule Schloss Salem“.

Links:
Franz Joseph Feuchtmayer (1660–1718) aus der gleichnamigen Wessobrunner Künstlerfamilie stattete unter anderem den Kaisersaal von Schloss Salem aus.

Linke Seite:
Während eines Familienfestes 1307 brannte die Burg der Herren von Bodman aufgrund eines Blitzschlages völlig ab. Der Legende nach überlebte nur der einjährige Stammhalter die Katastrophe. An Stelle der Burg entstand das heute noch existierende Kloster Frauenberg bei Bodman.

In der Kapelle des Klosters Frauenberg zählen Marienfiguren und eine Pietà aus dem 15. Jahrhundert zu den Sehenswürdigkeiten.

Spätgotisch mutet auch heute noch die Küche des Klosters Frauenberg bei Bodman an.

Die florale Pracht der weltbekannten Insel Mainau will gehegt und gepflegt werden. Regelmäßiges Gießen ist dabei eine der vornehmsten Aufgaben …

Im „Gärtnerturm“ oder „Wehrturm“ der Insel Mainau ist heute ein modernes Informationszentrum mit Multivisionsschau eingerichtet. Seine drei massiven Untergeschosse stammen noch von der mittelalterlichen Festungsanlage, während der achteckige Aufbau und das Helmdach romantisierende Veränderungen des 19. Jahrhunderts darstellen.

Rechte Seite:
Johann Caspar Bagnato (1696–1757) wurde mit dem Bau der barocken Schlosskirche St. Marien auf der Insel Mainau betraut. Der große Teil der Innenausstattung stammt von Joseph Anton Feuchtmayer.

Rechts:
Lachsfarbene Rosen sind ein besonderer Augenschmaus auf der Insel Mainau.

Ganz rechts:
Auf der Mainau dürfen natürlich auch gelbe oder lilafarbene Farbtupfer nicht fehlen.

Unten:
Zu den mehr als 500 Arten von Laub- und Nadelbäumen auf der Insel Mainau zählen auch die raren Metasequoien oder Urwelt-mammutbäume.

Oben:
Wie von menschlicher Hand unberührt mutet dieser Blick vom Inseldamm der Mainau an.

Ganz links:
Über 20 000 Rosen aus 1200 Arten und Sorten locken an drei Orten der Insel Mainau mit ihrem betörenden Duft und ihrer Farbenpracht.

Links:
Zwischen den zauberhaften Rosenstöcken lädt eine historisierende Gartenbank zum Verweilen ein.

Seite 82/83:
Einer der spektakulärsten Blicke bietet sich über das Dach des Konstanzer Münsters zum Bodensee. Man scheint die Wölbung des Sees aufgrund der Erdkrümmung erahnen zu können.

Oben:
Prachtvolle Bürgerhäuser zeugen vom einstigen Reichtum der Konzilstadt Konstanz. Heute ist die Stadt ein wichtiges Nadelöhr zur Schweiz.

Rechts:
Der Konstanzer Hafen eignet sich nicht nur als Schiffsanlegestelle, hier kann man auch einem südländisch-maritimen Lebensstil unter freiem Himmel frönen.

Oben:
Einige Zeit umstritten, gilt die „Imperia“ des Bodmaner Künstlers Peter Lenk im Hafen von Konstanz heute als eines der Wahrzeichen des Bodensees. Zu Zeiten des Konzils trugen vielleicht der Papst und der Kaiser die „Hafenhübschlerin“ auf Händen, heute ist es umgekehrt …

Links:
Der Rheintorturm, ein ehemaliges Stadttor von Konstanz, bildete einst den einzigen Zugang zur Stadt von Norden her über den Rhein.

SEALIFE

Linke Seite:
Das Bild der Häuser am Konstanzer Hafen wird von spätmittelalterlichen Giebeln geprägt.

Preußen am Bodensee: Am Obermarkt von Konstanz wurde der Hohenzoller Friedrich VI. von Nürnberg von Kaiser Sigismund im Jahr 1415 mit der Mark Brandenburg belehnt. Diese geschichtsträchtige Szene wird in den Wandmalereien des Hauses „Zum Hohen Hafen" dargestellt.

Die Säulen des Konstanzer Münsters mit ihren Kapitellen sind romanisch geprägt, während die Spitzbögen mit den Schlusssteinen auf die gotische Umbauphase verweisen.

Seite 88/89:
Die Reichenau ist die größte Insel des Bodensees. Auf Initiative Napoleons III. wird sie seit dem 19. Jahrhundert durch einen Fahrdamm mit dem Festland auf dem Bodanrück verbunden und ist damit eine Halbinsel.

Kloster und Gemüse – die Insel Reichenau

Im Jahr 724 kam der Heilige Pirminius an den Untersee. Der alemannische Adelige Sintlas von der Burg Sandeck, auf dem heutigen Gemeindegebiet des schweizerischen Salenstein gelegen, soll ihn gebeten haben, eine Kapelle zu errichten. Pirminius wählte die Insel Reichenau, die der Sage nach von einem unwirtlichen Urwald bewachsen und voller Schlangen, Kröten und Insekten war. Nachdem der Heilige auf der Insel war, soll das Ungeziefer binnen dreier Tage geflohen und über den See geschwommen sein, so dass Pirminius mit seinen Begleitern das Gebiet roden und ein Kloster gründen konnte.

Doch die Reichenau ist nicht nur eine Kloster-, sondern auch eine Gemüseinsel mit bis zu drei Freilandernten pro Jahr. Die weit vor Lindau und der Mainau größte Insel im Bodensee profitiert von der temperaturausgleichenden Wirkung des Wassers, vom Alpenföhn und den vielen Sonnentagen. Bis auf den Hochwart mit seinen gut 438 Metern ist das Gelände weitestgehend eben. 1838 wurde auf Initiative Napoleons III., der seine Jugend im gegenüberliegenden schweizerischen Schlösschen Arenenberg verbrachte, die 1300 Meter lange Pappelallee als Verbindungsdamm zum Festland angelegt. Die Allee ist ein Startpunkt der 2900 Kilometer langen Deutschen Alleenstraße.

Zur Blütezeit des Klosters im Mittelalter war die Insel nur per Fähre erreichbar. Zu den Landbesitzungen zählten unter anderem Markelfingen bei Radolfzell, Allensbach und Wollmatingen auf dem Bodanrück sowie das schweizerische Ermatingen. Der Ort Allensbach hatte als Landungsort der Fähre und als früher Markt eine besondere Bedeutung. Er war einst Richtstätte des Klosters, denn auf dessen heiligem Boden durfte nicht hingerichtet werden. Wenn bei der Überführung eines Verurteilten der Abt das Armesünderglöcklein läuten ließ, war der Gefangene frei – deshalb heißt dieser Teil des Sees „Gnadensee". Heute ist Allensbach vor allem für sein demoskopisches Institut bekannt. Gegründet wurde es von der Journalistin Elisabeth Noelle-Neumann (1916–2010), die auch als „Pythia des Bodensees" galt, also als Frau, die orakelhafte Anspielungen macht.

Das geht auf keine Kuhhaut ...

Weithin berühmt sind die drei Kirchen in Ober-, Mittel- und Niederzell. Im ehemaligen Klostergebäude in Mittelzell befindet sich heute das Rathaus der Gemeinde Reichenau. Hier wurde auch der Kräutergarten nach dem Gedicht „Hortulus" (Kräutergärtlein) des Abtes Walahfried Strabo angelegt. Es gilt als erste Schrift über den Gartenbau in Deutschland. Wie die Mönche und Äbte früher gelebt haben mögen, beschrieb Joseph Victor von Scheffel in seinem Roman „Ekkehard" mit dem ehrenwerten Bruder Rudimann, seines Zeichens Kellermeister des Klosters: „Das Lächeln eines mit der Welt und sich versöhnten Mannes lag auf seinen Lippen und sein Bauch war fröhlich gediehen wie das Hauswesen des Fleißigen ..."

Die Georgskirche in Oberzell zeigt monumentale romanische Wandmalereien. Sie gelten als das einzige und zudem gut erhaltene Beispiel einer vollständigen Kirchenschiffausmalung nördlich der Alpen. Besonders sehenswert ist dabei unter anderem ein seltenes Spottbild aus dem 14. Jahrhundert, das das Geschwätz der „tumben wibun", der törichten Frauen, kritisiert. Ein Gedicht ist auf eine Kuhhaut geschrieben, die von vier Teufeln im Kreis gedreht wird. Indes, es passt nicht ganz drauf auf die Kuhhaut, der Platz ist zu klein.

Obwohl der Platz auf der Insel Reichenau mit ihren viereinhalb Kilometern Länge und eineinhalb Kilometern Breite nicht sehr reichlich ist, passt doch alles darauf: Kirchenkunst von Weltgeltung, ein weithin einmaliges Naturschutzgebiet wie das Wollmatinger Ried am Rande und viele Felder, Äcker und Gewächshäuser für den Gemüseanbau. Die UNESCO hat die Insel Reichenau 2001 zum Welterbe und 2003 die Buchmalerei des Klosters zum Weltdokumentenerbe erklärt. Wem nach all der Kultur und Natur ein wenig nach Erholung zumute ist, der findet sie garantiert, zum Beispiel im Strandhotel Löchnerhaus bei der Schiffsanlegestelle im Süden. Auf der traumhaft gelegenen Terrasse werden köstliche Fischspezialitäten und bester Wein feilgeboten ...

Links: *Aus der Zeit der tiefgreifenden Umgestaltung des Innenraums von St. Peter und Paul in Niederzell im 18. Jahrhundert stammt die Orgel.*

Oben: *Die Glockentürme der spätromanischen Basilika St. Peter und Paul in Niederzell beherbergen unter anderem Glocken aus dem 14. Jahrhundert, die – neuesten Ausgrabungen zufolge – im Dorf selbst gegossen worden sein dürften.*

Kleine Bilder rechts, von oben nach unten: *Nicht nur auf der Insel Reichenau wird Gemüse angebaut, auch in Iznang auf der gegenüberliegenden Halbinsel Höri gedeihen Radieschen in der fruchtbaren Erde.*

Neben Gewächshäusern prägen auch Gemüsefelder wie hier bei Niederzell das Bild der Kloster- und Gemüseinsel Reichenau.

Fenchel ist die einzige Pflanzenart der Gattung „Foeniculum" in der Familie der Doldenblütler und gilt als Gemüse-, Gewürz- und Heilpflanze.

Der Anbau des nicht winterfesten Broccolis auf der Insel Reichenau bezeugt, wie „südländisch" hier das Klima ist …

I.N.R.I.
TEMPLI

Linke Seite:
Gotik und Rokoko gehen im Chor der Basilika St. Peter und Paul eine harmonische Einheit ein. Das Dorf wird Niederzell oder zuweilen auch Unterzell genannt.

Die Georgskirche von Reichenau-Oberzell ist ein spätkarolingisches und ottonisches Kirchengebäude. Für die Entstehungszeit um 900 wurde es sehr großzügig angelegt, da man vermutlich viele Pilger erwartete.

Besonders eindrucksvoll sind die romanischen Wandmalereien in der Oberzeller Georgskirche aus der Zeit um 1000. Die Szenen an der Nord- und der Südwand stellen die Wundertätigkeit Jesu' dar.

Unten:
Das Kloster Reichenau mit seiner Klosterkirche in Mittelzell bestand von der Gründung 724 bis zur Säkularisation im Jahr 1803. Seit 2001 lebt wieder eine kleine Gemeinschaft von Benediktinern auf der Insel, die sich vor allem der lokalen Pfarrseelsorge widmet.

Seite 96/97:
Vom Schweizer Seeufer reicht der Blick über die Insel Reichenau mit der Kirche St. Georg, eine der ältesten Georgskirchen in Europa überhaupt, bis zu den Hegaubergen.

Rechts oben:
Alljährlich zu Maria Himmelfahrt am 15. August findet in Mittelzell eine Prozession statt.

Rechts unten:
Zu der Maria-Himmelfahrts-Prozession in Mittelzell tritt auch die Bürgerwehr an. Andere Hauptwallfahrtstage sind hier der 25. April mit dem Markusfest und das Heiligblutfest am Montag nach dem Dreifaltigkeitssonntag.

Links:
Das Dorf Iznang mit seinen malerischen Fischerbooten auf der Halbinsel Höri gehört zur Gemeinde Moos. In diesem Dorf wurde 1734 Franz Anton Mesmer geboren, der Begründer der Lehre vom animalischen Magnetismus.

Unten:
Der höchste Punkt der Insel Reichenau ist der Hochwart. Im ehemaligen Teehaus aus dem 19. Jahrhundert ist heute eine kleine Keramikgalerie untergebracht.

Poeten- und Malerwinkel – Hesse, Droste, Dix & Co.

„Poetenwinkel" hatte einst Ludwig Thoma die Halbinsel Höri genannt. Er war einer der illustren Gäste von Hermann Hesse. Ein anderer, Stefan Zweig, zeigte sich recht ungestüm. Als erstes Domizil hatte sich Hesse ein altes Bauernhaus mit hoher Schwelle und niedriger Tür gemietet. Der Autor der „Sternstunden der Menschheit" und der „Verwirrung der Gefühle" trat so enthusiastisch ein, dass Hesse ihn nicht mehr warnen konnte – Zweig musste sich erst einmal eine Viertelstunde hinlegen, ehe er mit seinem Gastgeber sprechen konnte.
Hermann Hesse hatte mit „Peter Camenzind" den Durchbruch geschafft: Der Held wächst in der harmonischen Naturverbundenheit eines Schweizer Seedörfchens auf, lernt als Schriftsteller die Metropolen kennen – und zieht sich angewidert in sein Heimatdorf am See zurück. Hesses Rückzug auf die Höri war nur von relativ kurzer Dauer, doch sein Verweilen in dieser idyllischen Landschaft sollte auch Maler anziehen. Der bekannteste unter ihnen ist Otto Dix, in dessen Werk mit dem Umzug aufs Land ein großer Wandel von provokanter Großstadtlyrik zu malerischen Landschaftsbildern stattfand. Es heißt, schuld daran sei die Bodenseeidylle, denn „in dieser allem Leidenschaftlich-Impulsiven abholden Kunstlandschaft" falle die Provokation sozusagen ins Wasser.
Hermann Hesse hatte die düstere Stimmung wallender Herbstnebel am See eindrucksvoll beschrieben, aber noch viel dramatischer mutet die Erzählung „Der Untergang der ‚Romanshorn'" von der 1953 geborenen Bregenzerin Ulrike Längle an. Die Heldin Flora ist eine der zwei Überlebenden beim Untergang einer Fähre; die detailreiche und realistische Erzählung wird zum Schluss absurd, als die beiden am Ufer als Hauptdarsteller des „Ersten Bodensee-Untergangsfestivals", veranstaltet von den Fremdenverkehrsorganisationen der Anrainerstaaten als einmaliges Naturtheater, stürmisch begrüßt werden und einen Gutschein für ein gemeinsames Wochenende auf der Insel Reichenau mit garantiert organisch-biologischer Ernährung aus inseleigenem Gemüseanbau überreicht bekommen …

Immer schön locker bleiben

Die Atmosphäre am Bodensee mit ihrem Wechsel von sonniger Urlaubsstimmung zu wütend peitschenden Wellen wie am offenen Meer hat schon viele Menschen inspiriert. Annette von Droste-Hülshoff verfasste in ihrem Meersburger Refugium viele Gedichte – in ihrem Werk „Auf hohem Felsen lieg ich hier" beschrieb sie den See als Spiegel ihrer Seele. Sie, der düstere Gedanken nicht abhold waren, trieb es allerdings bei weitem nicht so auf die Spitze wie der gebürtige Luxemburger Norbert Jacques. Auf einer Seefahrt zwischen Lindau und Konstanz ersann er den berüchtigsten Verbrecher aller Zeiten: „Dr. Mabuse, der Spieler". Hauptschauplätze der Handlung sind München, Lindau, Bad Schachen, Romanshorn, Konstanz, die bayerisch-württembergische und die deutsch-schweizerische Grenze.
Bei einer so dramatischen Handlung sollte der Leser immer schön locker und gelassen bleiben. Das Wort „Gelassenheit" verdankt die deutsche Sprache dem „Minnesänger unter den deutschen Mystikern", dem 1297 in Konstanz geborenen Heinrich Suso. Sein Grundgedanke lautete: Der Mensch muss sich loslassen und dadurch gelassen werden. Suso gilt als Schöpfer des ersten Seelen-Entwicklungsromans der deutschen Prosaliteratur sowie der ersten deutschen Autobiographie. Martin Walser nennt ihn gar den „größten Dichter am Bodensee".
Er selbst, der Autor des „fliehenden Pferdes", soll der Überlieferung nach nicht immer gelassen geblieben sein. Sein Konterfei auf der Lenk'schen Skulptur in Überlingen soll ihm so wenig zusagen, dass er den Friseur gewechselt habe, um es nicht regelmäßig sehen zu müssen.
Ein Stück Gelassenheit fanden wohl viele Menschen, die sich an den Bodensee zurückzogen. So Walter Kaesbach, ein Kunsthistoriker und Förderer der Kunst des Expressionismus, der 1933 nach seiner Amtsenthebung als Direktor der Kunstakademie Düsseldorf in Hemmenhofen eine neue Heimstatt fand. Oder Curt Weller, der der erste Verleger von Erich Kästner war. Er lebte ab den 1930er-Jahren auf der Reichenau, dann auf der Höri.

Links:
Heinrich Suso (1297–1366), nach Martin Walser der „größte Dichter am Bodensee", gilt als Schöpfer des ersten Seelen-Entwicklungsromans der deutschen Prosaliteratur sowie der ersten deutschen Autobiografie.

Oben:
Ein Blick über den Vierungsturm des Konstanzer Münsters auf den Bodensee mit seinen idyllischen Segelschiffen macht deutlich, warum sich hier seit jeher Dichter und Maler wohlfühlen.

Rechts oben:
Von Hermann Hesse (1877–1962) ist bekannt, dass er zur Arbeit billige Zigarren, nach Tisch und sonntags aber eine feinere Sorte rauchte.

Rechts Mitte:
Ludwig Thoma (1867–1921), der durch seine ebenso realistischen wie satirischen Darstellungen des Alltags populär wurde, prägte einst den Begriff „Poetenwinkel“ für die Halbinsel Höri.

Rechts:
Martin Walser („Ein fliehendes Pferd“) wurde 1927 in Wasserburg geboren und gilt als bekanntester lebender Dichter am Bodensee.

Unten:
*1797 legten die Mooser auf der Halbinsel Höri ein Gelübde ab, da sie vor einer schlimmen Viehseuche bewahrt worden waren. Seit bald hundert Jahren findet alljährlich am Montag nach dem dritten Juli-Sonntag die Wasserprozession auf dem Zeller See statt. In Moos aufgewachsen ist unter anderem Helmut Metzger (*1959), einer der Regisseure der beliebten Fernsehserie „Um Himmels Willen“.*

Rechts oben:
Sorgfältig werden die Boote zur Wasserprozession in Moos vorbereitet.

Rechts Mitte:
Auf den Blumenschmuck der Boote bei der Mooser Wasserprozession wird viel Wert gelegt.

Rechts unten:
Das Ausfahren der Boote bei der Mooser Wasserprozession ist ein besonderes Ereignis.

Links:
Zwischen Radolfzell und Moos erstreckt sich das Naturschutzgebiet Aachried mit seiner beeindruckenden Pappelallee.

Links Mitte:
Mitten im Naturschutzgebiet Aachried mündet die Aach bei Seefelden in den Bodensee. Hier gelangt Donauwasser, wenn auch eher tröpfchenweise, über den Rhein in die Nordsee.

Links unten:
Der Fahrdamm, der die Insel Reichenau zur Halbinsel macht, liegt im Wollmatinger Ried. Neben üppigem Schilfbewuchs kann man hier auch Knabenkraut oder Küchenschellen bewundern.

Unten:
Von Mammern im schweizerischen Thurgau öffnet sich der Blick über den Untersee auf Wangen, einem Ortsteil der Gemeinde Öhningen im Landkreis Konstanz auf der Halbinsel Höri.

Schweizer Südufer – zwischen Alpenrhein und Rheinfall

Der Rheinfall beim schweizerischen Grenzort Schaffhausen liegt genau genommen nicht am Bodensee, sondern am Rhein. Ein Besuch kann kein Reinfall sein, denn der größte Wasserfall Festland-Europas ist eines der spektakulärsten Naturereignisse in der Bodensee-Region.

Östlich von Rorschach mündet der Alpenrhein in den Bodensee, durchfließt ihn – an der Engstelle der deutsch-schweizerischen Doppelstadt Konstanz-Kreuzlingen als Seerhein – um dann beim malerischen Stein am Rhein als Hochrhein wieder auszutreten. Der letzte Paukenschlag dieses grandiosen Naturtheaters ist der Rheinfall beim schweizerischen Schaffhausen, ein Getöse, das einst selbst Goethe faszinierte. Rorschach und Romanshorn zählen zu den wichtigsten Seehäfen, während das zur Römerzeit „glückliche" Arbon dazwischen heute eher im „Windschatten" liegt.

Während in Münsterlingen vor Jahrzehnten bei der berühmten „Seegfrörne" die spätgotische Johannesbüste bis auf Weiteres ihre Heimstatt gefunden hat, war das Schlösschen Arenenberg bei Ermatingen Zufluchts- und Rückzugsort der Familie Napoleons III. In Uttwil wollte einst Henry van de Velde ein Künstlerdorf etablieren, das romantisch anmutende Heiden konnte bis heute sein biedermeierliches Gepräge bewahren.

An die behäbigen Landschaften des Kantons Thurgau, dem „Geburtsland" des berühmten Müller-Thurgau-Weines, schließen sich im Süden die beiden Halbkantone Innerrhoden und Ausserrhoden des Appenzeller Landes an.

Höhepunkte im wahrsten Wortsinne sind der über 2500 Meter hohe Säntis und St. Gallen mit seiner Stiftsbibliothek, die weltweit ihresgleichen sucht. Seit 1983 zusammen mit dem Stiftsbezirk UNESCO-Weltkulturerbe, ist sie die älteste Bibliothek der Schweiz und eine der größten und ältesten Klosterbibliotheken der Welt. Sie besitzt allein circa 2100 Handschriften und um die 160 000 Bücher.

Oben:
Hoch über Stein am Rhein ist das Wahrzeichen des Städtchens zu sehen, die Burg Hohenklingen. In der Anlage aus dem 13. Jahrhundert ist ein Restaurant mit herrlichem Ambiente und ebensolcher Küchenkunst untergebracht.

Rechts:
Malerische Fachwerkhäuser prägen das Bild des früheren Markt- und heutigen Rathausplatzes von Stein am Rhein. Er ist die „Gute Stube“ und wird von Ausflüglern genauso gern besucht wie von Urlaubern, die länger verweilen.

Oben:
Das ehemalige Benediktinerkloster St. Georgen in Stein am Rhein zählt zu den am besten erhaltenen Anlagen seiner Art in der Schweiz. Es wurde in romanischer Zeit gegründet und im Zeitalter der Renaissance umgestaltet.

Ganz links:
Der Stadt- oder Marktbrunnen von Stein am Rhein befindet sich auf dem Rathausplatz. Die schlichte klassizistische Fassade des Hauses „Meise" bildet dafür die passende „Kulisse".

Links:
Ein springender Fisch weist auf dieses Restaurant in Stein am Rhein hin – kein Wunder, handelt es sich doch dem Namen „Salm" nach um einen Lachs.

Rechts:
Ein Plätzchen an der Sonne ist auf dem kleinsten Boot, wie hier bei Stein am Rhein.

Unten:
Malerische Promenaden wie hier in Ermatingen prägen das Bild des Schweizer Ufers.

Oben:
Die Insel Werd bei Stein am Rhein wurde schon 5000 vor Christus von Pfahlbauern bewohnt. Der heilige Otmar, erster Abt des Klosters St. Gallen, wurde 759 hierher in Verbannung geschickt und verstarb hier im selben Jahre.

Links:
Die „Schweizerische Schifffahrtsgesellschaft Untersee und Rhein" hat in ihrer Flotte unter anderem das beliebte Schiff „Thurgau", benannt nach dem Kanton am Bodenseeufer.

Linke Seite:
Über die sonnenbeschienenen Weinberge bei Ermatingen reicht der Blick auf den Untersee – und mittendrin die Insel Reichenau.

Während oben die Sonne scheint, liegt über dem See der Nebel … Wolfhalden im Kanton Appenzell Ausserrhoden liegt im Schnitt auf 700 Metern über dem Meeresspiegel.

Die massiven Türme des Schlosses von Gottlieben scheinen über dem Hotel-Restaurant „Drachenburg & Waaghaus" am Wasser zu wachen. Die ehemalige Wasserburg wurde 1251 vom Konstanzer Bischof Eberhard II. erbaut und ist heute in Privatbesitz.

Rechts:
Arbon ist nach Frauenfeld und Kreuzlingen die drittgrößte Stadt des Kantons Thurgau. Bei den Gästen beliebt sind vor allem die Altstadt und die Seepromenade.

Unten:
Romanshorn kann man bis in das Jahr 779 zurückverfolgen. Mit der Anlage des Hafens und dem Bau der Eisenbahn 1855 von Zürich hierher entwickelte sich die Stadt zum heute bekannten „Verkehrsknotenpunkt".

Oben:
*In Steckborn kann man das kleine Schlösschen Turmhof mit seinen vielen Türmen und Türmchen bewundern. Aus dem Ort stammt der Improvisationsmusiker, Klangkünstler und Architekt Andy Guhl (*1952).*

Links:
Von der Anhöhe des Schlosses Arenenberg bietet sich ein wunderbarer Blick auf den Untersee und die Insel Reichenau. Hier lebte unter anderem Napoleon III., auf dessen Initiative der Fahrdamm vom Festland zur Reichenau angelegt wurde.

Während früher die Konstanzer Bischöfe vom Schloss Arbon aus über die gleichnamige Stadt herrschten, diente die Anlage später als Ersatzteillager einer Fabrik und Arbeiterwohnheim. Heute ist es unter anderem für Hochzeiten beliebt – Standesamt und Gastwirtschaft sind unter einem Dach untergebracht.

Bekannt wurde das Schloss Arenenberg bei Mannenbach als Wohnsitz der vormaligen holländischen Königin Hortense de Beauharnais und des späteren Kaisers Napoleon III. Die Möblierung ist weitestgehend original erhalten wie hier im „Salon Hortense".

Rechte Seite: *Stattliche Fachwerkfassaden prägen das Bild der Altstadt vom „glücklichen" Arbon. Schon in der Steinzeit besiedelt, hieß die Stadt zu römischer Zeit „arbor felix" (glücklicher Baum).*

Oben:
Bei der Mündung des Alten Rheins in den Bodensee reicht der Blick vom Schweizer zum österreichischen Ufer. Der Rhein durchfließt den Obersee, nennt sich bei Konstanz „Seerhein“ und verlässt den Untersee bei Stein am Rhein, um zum Oberrhein zu werden.

Rechts:
Mit seiner guten Wasserqualität und seinem Fischreichtum, was Güte wie Menge betrifft, ermöglicht der Bodensee nach wie vor erwerbsmäßige Fischerei.

Oben:
Die Fontäne in der Einfahrt zum Rorschacher Hafen lässt an einen anderen, weltbekannten Ort in der Westschweiz denken: Genf.

Links:
Der Rorschacher Hafen ist der östlichste am Schweizer Bodensee-Ufer. Von hier kann man mit einem Bähnchen gemütlich ins idyllische Heiden fahren, mit fabelhaftem Blick über den See.

Seite 120/121:
Die Stiftsbibliothek St. Gallen ist die älteste Bibliothek der Schweiz und eine der größten und ältesten Klosterbibliotheken der Welt. Das Benediktinerstift ging aus der Zelle hervor, die der irische Mönch St. Gallus um 612 im Hochtal der Steinach gegründet hatte.

Österreich im Osten mit dem „Hausberg" Pfänder

Um die vorletzte Jahrhundertwende wurde die römisch-katholische Herz-Jesu-Kirche im neugotischen Stil in Bregenz gebaut. Gemessen an der Einwohnerzahl ist Bregenz nach Dornbirn und Feldkirch die drittgrößte Stadt Vorarlbergs und gleichzeitig Landeshauptstadt.

Österreich mag zwar den geringsten Anteil am Bodenseeufer haben, doch an Superlativen mangelt es beileibe nicht. Schließlich gilt Bregenz mit seinem „Hausberg" Pfänder als älteste Stadt am See, denn hier hatten einst die Römer eine Keltensiedlung in ihren Besitz gebracht und bei der Gelegenheit gleich dem ganzen See einen Namen verpasst: „lacus brigantinus", Bregenzer See. Als östlichste Stadt hat Bregenz naturgemäß den schönsten Sonnenuntergang zu bieten, denn diese geht immer noch im Westen unter. Und das nicht nur zur Festspielzeit: Auf der Seebühne der Bregenzer Festspiele spielt und singt, wer Rang und Namen hat und das mit einer natürlichen „Kulisse", die weltweit einzigartig ist.
Vorarlberg ist durch einen mächtigen Gebirgsstock vom „Festland" Österreich getrennt und dies schlägt sich auch in der Mentalität der Menschen nieder. Wenn sie nicht gerade gezwungen sind, in die weite Welt hinauszuziehen wie einst die „Schwabenkinder", dann bleiben sie ihrer Heimat treu. Doch selbst das Österreich hinter dem Arlberg durfte schon von ihrem Erfindungsreichtum profitieren. Denn hier schlugen die Geburtsstunden des Telefons in der Donaumonarchie ebenso wie die des Skilifts – 1907 wurde der erste Skilift Mitteleuropas am Naherholungsgebiet Bödele in Betrieb genommen.
Schwarzenberg gilt als Heimat der Weltreisenden Porträtistin Angelika Kauffmann ebenso wie neuerdings des Konzertfestivals Schubertiade, die ihren Weg von Wien über Hohenems hierher gefunden hat. Und im „Gütle" bei Dornbirn hat das weltweit größte Rolls-Royce-Museum seine Heimstatt gefunden.

Oben:
Bregenz verfügt über einen der wichtigsten Fährhäfen am Bodensee. Als östlichste Stadt sind hier naturgemäß Sonnenuntergänge zu erleben, die zu den schönsten am Bodensee zählen.

Rechts:
Nostalgisch mutet der Holzsteg mit Pavillon am Bregenzer Hafen an. Den Anfang der Seeanlagen bildete bereits 1842 der sogenannte Seeuferweg.

Oben:
Von diesem Café am Bregenzer Hafen lässt sich in aller Ruhe das rege „maritime“ Leben und Treiben am Dreiländereck Deutschland – Österreich – Schweiz beobachten.

Links:
Manches Schiff auf dem Bodensee wie dieses im Bregenzer Hafen ist weniger der reinen Personen- oder gar Fahrzeugbeförderung gewidmet. Es dient in langen, lauen Nächten als schwimmende Party-Location zwischen den Launen, Ländern, Moden und Zeiten …

Linke Seite:
Der stattliche Martinsturm in der Oberstadt wurde 1601 als Getreidespeicher der Grafen von Bregenz erbaut. Heute eines der Wahrzeichen von Bregenz, beherbergt er das Vorarlberger Militärmuseum.

Das Deuring Schlössle wurde in der heutigen Form im Wesentlichen in der zweiten Hälfte des 17. Jahrhunderts errichtet. In der Oberstadt von Bregenz gelegen, bietet es heute Platz für ein komfortables Hotel.

Das Restaurant des Hotels Deuring Schlössle bietet nicht nur ein gediegenes Ambiente, sondern auch Gourmetküche vom Feinsten. Unter dem Motto „Neue Bodenseeküche" werden regionale wie internationale Spezialitäten serviert.

Oben:
Ein Kran ist nötig, um auf der weltweit größten Freilichtbühne die überdimensionalen Bühnenbilder zu installieren. Jedes Jahr im Juli und August pilgern viele begeisterte Zuschauer zu den Bregenzer Festspielen.

Rechts:
Das 1980 erbaute Festspielhaus in Bregenz dient unter anderem als Ausweichspielstätte für die Seebühne. 2009 wurde es zu einem der besten Veranstaltungsorte Europas gekürt.

Links:
*Wer hat wen mehr inspiriert – das blau-silberne Bühnenbild den rötlich-violetten Abendhimmel oder doch eher umgekehrt…
Neben Opern wie Aida stehen auch Musicals wie West Side Story auf dem Spielplan der Bregenzer Festspiele.*

Rechts:
Im Rheindelta bei Fußach finden sich viele Moorbirken. Sie können bis zu 30 Meter hoch und bis etwa 120 Jahre alt werden.

Unten:
Vom Steg aus lassen sich Rheindelta und Bodensee bestens erkunden. 1967 wurde hier ein Naturschutzgebiet eingerichtet, in dem sich circa 330 Vogelarten beobachten lassen.

Oben:
Im Rheindelta am südöstlichen Bodenseeufer landet auch so manches Treibholz an. Die Landschaft wird hier bestimmt von Schilfgebieten, Feuchtwiesen und Auwäldern.

Links:
Das Naturschutzgebiet Rohrspitz ist ein Teil des Rheindeltas, das zum größten Teil auf österreichischem Staatsgebiet liegt. Der Fluss wird hier auch „Alpenrhein" genannt.

Die Territorialabtei Wettingen-Mehrerau – hier ein Blick in den Kapitelsaal – war ursprünglich ein Benediktinerkloster bei Bregenz. 1806 säkularisiert, wurde es 1850 von Zisterziensern wieder besiedelt.

In der barocken Bibliothek Mehrerau findet die klassische Schulkarriere des klostereigenen Internats einen würdigen Abschluss, wenn die Schüler hier ihre Matura, das Abitur, positiv beenden. Von dem Kloster wird auch die Wallfahrtskirche Birnau bei Überlingen betreut.

Rechte Seite:
Am Gebhardsberg bei Bregenz befindet sich das Kloster Thalbach. Lebte seit 1436 hier eine Gemeinschaft von Franziskanerinnen, übernahmen 1796 Dominikanerinnen das Kloster. Seit 1983 wirkt hier die Geistliche Familie „Das Werk“, eine katholische Gemeinschaft.

Register

Stockach
Aach
H e g a u
Wahlwies
Espasin
Steißlingen
Bodm
B o
Güttingen
Möggingen
Mindelsee
SINGEN
Böhringen
Radolfzell
Rielasingen
Überlingen
Moos
Iznang
Zeller See
Bankholzen
Ramsen
Weiler
St. Peter u. P
Schiener Berg
708 m
H ö r i
Horn
Burg
Hohenklingen
Gaienhofen
Stein
am Rhein
Hemmenhofen
Öhningen
Rhein
Untersee
Berlin
Steckbor
Wagen-
hausen
Wangen
Kaltenbach
Eschenz
Mammern
Schloss
Freudenfels
Ober-
stammheim
S e
Müllheim
FRAUENFELD

Heiligenberg
Weingarten
Nessel-
wangen
Owingen
Sipplingen
Hödingen
Linzgau
RAVENSBURG
Andelshofen
Schloss Salem
Überlingen
Mimmenhausen
Überlinger See
Nußdorf
DEUTSCHLAND
Wallhausen
Barockkirche
Birnau
Dettingen
Dingels-
dorf
Mühlhofen
Ober-
uhldingen
Bermatingen
Oberteuringen
Aach
Litzel-
stetten
Pfahlbauten-
Museum
Markdorf
Unteruhldingen
Daisendorf
Hegne
Insel
Mainau
Ittendorf
Meckenbeuren
WANGEN
Wollmatingen
Meersburg
Kluftern
Ailingen
Reichenau
Stetten
Oberzell
Staad
Kippen-
hausen
Fischbach
Tettnang
KONSTANZ
Peters-
hausen
Hagnau
Schloss
Kirchberg
Schloss
Hersberg
Immen-
staad
Schlosskirche
Zeppelin Museum
Tägerwilen
Münster
FRIEDRICHS-
HAFEN
Kreuzlingen
Bottighofen
Schussen
Mariabrunn
Argen
Münsterlingen
Eriskirch
Wallfahrtskirche
Landschlacht
Eriskircher Ried
Oberdorf
BODENSEE
Schloss
Moosburg
Schloss Montfort
Hängebrücke
Altnau
Gattnau
Güttingen
Langenargen
Oberreitnau
Kesswil
Gohren
Kressbronn
Weißens-
berg
Uttwil
Nonnenhorn
Bodolz
Wasserburg
Reutin
Romanshorn
Bad Schachen
Hörbranz
LINDAU
Salmsach
Sulgen
Amriswil
Egnach
Zech
Lochau
Frasnacht
Pfänder
1.062 m
Steineloh
St. Gallus
Schloss Arbon
Arbon
Seebühne
Kloster Marienberg
Stachen
Rheinspitz
Hard
Roggwil
Steinach
BREGENZ
Altenrhein
Bischofszell
Horn
Bregenzer Ach
Tübach
Alter Rhein
Staad
Rhein
Fussach
Goldach
Buriet
Lauterach
Wolfurt
Rorschach
Thal
Höchst
Wittenbach
Mörschwil
Rheineck
Wildpark Peter u. Paul
St. Margrethen
Schwarzach
Heiden
Uzwil
Lustenau
ST. GALLEN
Berneck
DORNBIRN
Gossau
Widnau
ÖSTERREICH
Herisau
Altstätten
Rhein
Hohenems

Rettungsringe sind am Bodensee wichtig, denn das „Schwäbische Meer“ gebärdet sich zuweilen ungestüm. Zufrieden ist der Bootskapitän in Moos am Untersee, wenn die See ruhig ist …

Impressum

Buchgestaltung
www.hoyerdesign.de

Karte
Fischer Kartografie, Aichach

Printed in Germany
Repro: Artilitho snc, Lavis-Trento, Italy – www.artilitho.com
Druck und Verarbeitung: Offizin Andersen Nexö, Leipzig

Bildnachweis
Alle Bilder von Karl-Heinz Raach mit Ausnahme von:
Tina & Horst Herzig: S. 39 (2 Abb.), S. 50/51 (3. Abb.).
Roland Gerth: S. 114 (2 Abb.), S. 115 unten, S. 118/119 (4 Abb.), S. 120/121.
Sonstige:
S. 52 unten: Bobby Metzger/pixelio.de; S. 52/53: Archiv des Verlages; S. 52 oben: Rolf S/pixelio.de; S. 53 – 2. Bild von oben: Juergen Schoenrade/pixelio.de; S. 53 – 3. Bild von oben: Lange/pixelio.de; S. 53 unten: Irmhild Ramm/pixelio.de; S. 101 rechts unten: S1/Wikipedia.

ISBN 978-3-8003-4062-0

Unser gesamtes Programm finden Sie unter:
www.verlagshaus.com